낮도깨비 무지개

남 정 휘

문예원

| 시인의 말 |

이들만 통속 아드르냥 시세상에, 왜냐면 시라는 이들
으로 특수를 갖추는 것은 이미로 고단한 것이다. 말하
면 미상으로 정말로 속제 꺼풀이 들어서 나 큰돈 시럼
에게 더 많은 이로운 것이다.

이번 시집에 실린 시들로 그 수행을 상들의 몇 하나도 안
될 수도 있다. 그 시들은 그 새가에도 비해 사랑하는 풀
한 장의 것이다.

다만, 이 세상 더 비추어질 그 이는 누구 한 사랑이라지도,
을들의 잘 돈 발송독에 첫 사가 시내는 한 공간이
상상 결론 것이라도 진정으로 읽고 바라를 뿐이다.

나 든든 새비치 사랑들에 배서, 그동안에 바라했든 이 시

대의 막다른 어둠 속에서, 나는 그래도 나와 우리가 버리지 못할, 아직 남아 있는 우리들의 '고향'을 이 시집에 붙잡아 놓고 싶었다. 그래서 이 시집의 제목을 내 고향 한낮 산자락에서 밭을 매는 낮도깨비 같은 마을 친척 할머니의 꽁무니에 내린 무지개를 붙잡아, '낮도깨비 무지개'라 하였다.

  시집을 내어주시는 문예원 홍사장님께 깊은 감사를 드린다.

2023년 초여름
남정휘 삼가

| 차례 |

시인의 말 2

제1부 봄

봄이 오는 길목 11
봄비 13
봄밤 15
봄날 16
봄날, 고향 언저리 17
미선나무 숲을 걷다 18
수선화 19
그믐달 20
적벽강—변산 21
목련화 23
4월 24
내 고향 장독대 옆에서 26
고군산열도 말도 28
섬진강 30
둘레길—금평호수 31
전주 효자공원묘지 곁에서 32

제2부 여름

여름산행—베짱이와 개미의 대화를 엿듣다 37
개구리 울음소릴 듣다 38
대나무골 40
하지 무렵 42
포리똥 44
장맛비 46
후두기는 장맛비를 보며 47
태풍의 흔적—어떤 추억 48
땡감 풍경 49
장마 진 자리 51
낮도깨비 무지개 52
개망초 꽃밭 옆에서 53
여름 날 옛 생각 54
아버지 55

제3부 가을

서늘한 아침 59
순천順天 60
사북면 가일리 풍경 62
매봉에서―사모곡 64
길 65
화암사花岩寺 풍경소리 66
어떤 운명―단풍을 보다 68
오솔길 조우 69
주의 70
청설모를 만나다 71
어떤 가을날 72

제4부 겨울

관성묘 앞에서 75
첫눈 76
정월 대보름 77
겨울강 78
동고산성 79
겨울바다 80
겨울비 81
내장산 설경―비자림榧子林에서 82
갈마제 명상 83
선산의 청매나무 곁에서 85

제5부 근황

벽에 걸린 나를 보다　89
밤주막　91
어버이날　92
꿈　93
두물머리 여명　94
친구 생각　95
오늘의 작은 기도　96
물안개 인생—아들딸에게　97
낙엽 지는 늙은 느티나무 곁에서　99
자화상　100

|**해설**|　103

제1부

봄

봄이 오는 길목

 노란 햇병아리가 알을 깨고 나오듯, 봄 매화가 제 향기로 꽃망울을 터뜨립니다. 터뜨린 매화 꽃망울 작은 입술들이 봄바람에 파르르 떨리고 있습니다. 시새움에 겨운 목련도 보송한 솜털 가슴 살며시 열고, 봄바람에 말없이 흔들리고 있습니다. 깊이깊이 잠들었던 마을 어귀 작은 봇도랑들도 이젠 가슴을 열고 작은 물줄기들이 송골송골 샘솟아 납니다. 조금 있으면, 저 파르르 떨리는 꽃망울 속 솜털 가슴 속으로, 수많은 벌 나비도 찾아들겠지요.

 저는
그저 어쩔 수 없는 멍한 가슴으로
이 새로 오는 봄 앞에 우두커니 서 있을 뿐입니다.

 다시 다가오는 새봄을
이젠 더 이상 어쩔 수가 없어,
그저 우두커니 이 봄날 당신 앞에 서 있을 뿐입니다.

 이렇게 새로 다가오는 봄 앞에 내가 우두커니 서 있는 것처럼,

이젠 당신 앞에 그저 우두커니 서서,

당신을 한없이 바라보는 것만이
내 남은 삶이 아닐까 합니다.

봄비

담장에 움츠린 감나무 가지에 남아
겨우내 쓸쓸히 흔들리다,

봄비 맞아 떨어진
마지막 감잎 누운
자리,

그 떨어져 누운 감잎의 주검을 뚫고
햇병아리 주둥이 같이 샛노오란 수선화 새싹들이,
감나무 가지를 향해
뻗어 오릅니다.

이제
마지막 겨울을 땅에 묻고,
제 스스로 새봄을 일으켜 세우고 있습니다.

저도
오늘은 이 봄비를 맞으며,

오래도록 닫혀 있던 저 낡은 대문을 열고
천천히 이 비를 맞으며 걸어서,
먼 당신 곁으로 가고 싶군요.

봄밤

 친구야. 봄밤이 깊어만 간다. 멀리서 황사를 거느리고 온 어둠은 오래도록 텅 빈 가슴으로 스며든다. 봄비가 추적거리는 쓸쓸한 홍등가 텅 빈 불빛에도 이 어둠은 내리리라. 휘황한 불야성 불빛 아래 망령 든 수괴들의 숨소리는 더더욱 거칠어지고, 무당의 굿 소리도 이젠 다 자지러져 일어나지 않으리라.

 무작정 뜨락으로 내려선
 발걸음,

 마당 가운데 우두커니
 홀로 서서,

 황사 스며든 가슴을 가만가만
 쓸어내린다.

봄날

꽃바람 불어 꽃들이 핀다.

피는 꽃잎에
스미는
바람,

바람 든 꽃잎들이
벙글어지며,
내게 무슨 말을 하라 한다.

네게 무슨 짓이든
하라 한다.

아무 일도 못 하는 나를
봄바람은 온종일 끝없이 흔들고 있다.

봄날, 고향 언저리

 봄이 올 때마다 가슴은 잠시 부풀어 해마다 무심한 낙서, "봄이 오는데 꽃잎이 지고, 가는 봄에도 꽃은 피는구나." 꽃이 지면 피는 줄만 알았고 피는 꽃은 그 꽃이 아님을 이제야 아는 봄, 부모님 묘소에도 내 쓸쓸한 고향 집 창가에도 해는 떠올라, 오늘도 햇볕 아래 따스히 함께 있다. 노을에 지워지는 그림자도 함께 있다.

 올해엔
 삶과 죽음과 밝음과 어둠과 이승과 저승이 늘 함께 있는 봄이,

 처음,
 내게로 왔다.

미선나무 숲을 걷다

아무도 없는 민하 마을 숲속 오솔길을 혼자 걸어봅니다. 이 마을의 봄은 매화꽃 대신 미선나무 꽃으로 옵니다. 마을 사람들은 이 꽃을 그저 '봄꽃'이라 하지요. 조용히 봄비가 내립니다. 산기슭 작은 풀덤불 속에 숨어 살며시 봄소식을 전하는 꽃, 이 마을에 사는 사람들만 이 꽃을 보고 봄이 온 줄을 압니다. 봄비가 부슬거립니다. 골짜기에 안개가 피어납니다. 숲 속에 숨어 매화꽃보다 생강나무 꽃보다 먼저 봄을 알리는 미선나무 봄꽃이 하얀 길을, 오늘은 마을 사람들 몰래 혼자 걸으며 이 골짜기에 먼저 찾아온 봄을 가만히 봅니다.

오동지 섣달 겨우내 쌓인 추위를 혼자 녹이며 피어난,
산촌 외딴집에 숨어 사는 숫처녀 같은
미선나무 봄꽃이 수줍은 오솔길을
오늘은
미선나무 꽃과 함께 걸어갑니다.

수선화

울타릿가 장독대 아래
기도하며 사랑을 지피는 여인,

실바람만 불어도
눈물 쏟아질 것 같은 여인,

겨우내 쌓인 그리움
어쩔 수 없이 터뜨리는 여인,

꽃샘바람에 고개 숙이며
다시 그리움에 지쳐 시들어가는 여인,

어머니,
내 어머니,

해질 무렵
그리움에 지쳐
장독대 아래 시들어가는 내 어머니.

그믐달

희미한
어슴새벽,

아득히 그리운 목숨 하나 하늘에 남아 있다.

그
목숨 하나 스러지는
새벽 여명,

세상은 그저,
아무 일도 없었다는 듯 다시 밝아온다.

여명 뒤로 숨는
그 아득히 그리운 목숨 하나,

밝은 세상 뒤에 숨어 늘 나를 바라보는,
아득히 먼 그리움
하나,
어머니.

적벽강
―변산

붉은 그리움들
온통 절벽에 아로새기고,

먼 대륙을 향해
턱을 고인 채,

너는,
오늘도 무리지어 달려오는
고주몽 천마의 발굽소리를 듣는다.

주몽의 할아버지 해모수가 타시던 은빛 수레를 타고
하늘에서 내려오시는 개양할미 신바람에
적벽강 봄바람이
술렁인다.

개양할미 내려와 닿으신
수성당* 머리,

* 수성당(水城堂) : 부안 격포 적벽강 옆 바닷가 언덕에 있는 전라북도 유형문화

갑자기
깊은 흰 구름에 휩싸이고,

태백산 신단수의 꿈을 부르는 무녀의 천지굿 소리
북부여 동부여의 깊은 꿈을 불러,

적벽강
푸른 파도로 일렁인다.

재 제58호. 이곳은 무녀들의 오랜 굿터이자 대륙을 오가는 큰 뱃길의 안전을
비는 기도터였다.

목련화

겨우내 앙상했던 가지마다
조선 백자빛 소망의 연등들이 온 뜨락 그득히 구름처럼
피어오른다.

한겨울 오랜 기다림의 빗장을 열어
필 때는 우아하고 질 땐 측은하다.

화장 없는 맑은 얼굴
젖빛 고운 그 가슴을 열어,

마침내 고백한 첫사랑 가눌 길도 없어,
꽃샘바람에 그저 하염없이
지상으로 떨어져 내리는,

저 덧없는 사랑의
무심한 꽃잎들,

봄날 아침,
뜨락에 혼자 서서 눈시울만 잠시 뜨겁다.

4월

텃밭
봄똥 옆을 맴돌던
삼동三冬의 동장군이 슬그머니 자리를 떠난다.

왜철쭉 턱밑에
연초록 잎눈들이 돋아나고,

뒤란 숲속
키 작은 나뭇가지에서
텃새들의 재잘거림 소리 들려온다.

모악산
깊은 산허리
바위틈으로 솟아나 흐르는 골짜기 물소리 한껏 탱글어지고,

겨우내
가슴 속 뭉친 응어리들
쑥국새 울음소리로 쑥고개를 넘는다.

이리도 요란한 산천 모퉁이
홀로 쓸쓸한 뜨락,

혼자
이리저리 가벼운 발걸음 옮기는 한 사람.

내 고향 장독대 옆에서

  내 고향 정읍 입암 국사봉 아래 마석리 양동 마을 동구길 들어서서 양동제 지난 첫들머리 봇도랑가 대밭집 뒤란 장독대, 아직도 봄 햇볕 아래 옹기종기 크고 작은 장독들이 위아래 형제들 같이 오롯이 앉아 있습니다.
  어머니 사랑으로 묵을수록 그 사랑 깊어만 가던 장독대 항아리들이 이젠 모두 속이 텅 빈 채로 빛을 잃고 이리저리 거미줄에 가려 거무룩합니다.

  어머니 가신 해가 깊어질수록
  장독대 장독들의 어둠도
  깊어만 갑니다.

  텅 빈 항아리들 속에 이젠
  쓸쓸한 바람의 울음소리만 가득합니다.

  그 울음소리로
  장독대 옆 어머니가 심어 놓으신 동백꽃 한 송이,

  텅 빈 장독대 장독 위로

툭,
하고 떨어지고,

그 위로
내 가슴 속 눈물 한 방울도
툭,
하고 떨어집니다.

고군산열도 말도

해송 향기 바람에 흩날리고
습곡절벽들이 해풍에 미소 짓는 말도에 혹 가보시었나요.

만 년 풍파 서린 돌섬에
천년 해송이 외로움 안고 사는 말도입니다.

아득한 수평선을 지키는 등대는
백년을 기다려도
외롭지 않아,

행복한 불빛을 밤마다 드높이 밝히는
말도에 와보세요.

밤안개 자욱이 드리워지면
심해의 대어大漁들도 한없이 밀려오는 말도입니다.

이른 새벽
밀려왔던 대어들도 다시 다 떠나면,

그저 외로움만 그득히 남아
포구의 파도소리만 지칠 줄 모르는,

그 이름도
끝섬,
말도.

혼자 지키는 외로움과 그리움이
이젠 행복한 등대불로
솟아나는,

고군산열도 난바다 끄트머리
말도,

말도에서 다시 되살아나는
새 사랑의 불빛을 보는 오늘은 봄밤입니다.

섬진강

진안군 백운면 신암리
작은 데미샘에서 솟아나온 은빛 물결 굽이굽이 흘러,
바람 따라 강가엔 마이산 팔공산 지리산 백운산 푸른 산빛
을 뿌려놓고,

자욱한 안개 속 강가에 피어나는 매화꽃 향기가
봄바람 따라 지리산 백운산을 넘어,
이 고을 저 골짜기로 퍼져갑니다.

그러고도 남은 향기들은
강물 속으로 깊이깊이 스미어들어,

강물이 마지막으로 가 닿는
하동 포구 전도리 검푸른 물결 속
벗굴 향기로 피어나지요.

둘레길
—금평호수

 어디든 한 중심을 비잉 에둘러 있는 길을 둘레길이라 하지요. 오늘은 김제 사금이 많이 나서 금평제라 불려온 금평호수 둘레길을 혼자 걸어봅니다.

 둘레길 따라 연두빛 봄, 진초록 여름, 오색 빛 쓸쓸한 가을, 싸늘한 은빛 겨울이 수없이 지나갔습니다. 이제사 이곳에 다시 돌아와 에둘러 걸으며, 저 호수 물 속 어딘가에 있을 듯헌 서금을 찾아 헤메이며, 반듯하게 걷자고 몸부림치던 지난 세월의 나를 봅니다.

 숲길을 에둘러 걸으며, 이젠 숲길이 에둘러 있는 호수를 봅니다. 그 호수 속에 깊이 잠겨 있는 지난날의 나를 봅니다. 그 빛과 색깔들을 낱낱이 속속들이 화안하게 들여다봅니다.

 오늘은
 둘레길이 어째서 둘레길이고,
 둘레길이 어째서 호숫가에 있는 줄을 잠시 생각하고 있습니다.

전주 효자공원묘지 곁에서

 전주 서쪽 황방산 자락에 있는 공원 공동묘지를 효자공원묘지라 하지요. 옹기종기 모여 있는 수많은 고인의 무덤들 앞에는 별에 별 묘비들도 각양각색이고, 아들과 어머니가 함께 합장된 묘소도 있으며, 까맣게 잊었는데 우연히 여기서 발견한 근엄하셨던 스승의 묘비 앞에서는 반가운 숙연함을 감출 수가 없었습니다. 헤아릴 수 없으리만치 많은 묘와 묘비를 보면서, 그저 평안하기만을 빕니다.

 몸을 잃은 넋들이야 그 가슴 속에 말 못할 불길들이 하염없이 이글거리겠지만, 이분들의 무덤 위에는 불길이 타오르지 않기를 바랄 뿐입니다.

 저는 지금
 이곳 황방산 산불감시원으로 일하고 있습지요.

봄바람 불어오면
임 찾는 발자국소리 반기소서.
녹음번창하거든
녹음 따라 마음 속 응어리들 풀으소서.
갈바람 불어오거든

단풍처럼 곱게 그 마음 단장하소서.
북풍한설 몰아치거든
자연의 섭리에 따라 영면이나 취하소서.

저 우매한 산까치는
눈물은 거두시라고 울어댑니다.

제2부

여름

여름산행
―베짱이와 개미의 대화를 엿듣다

　모악산을 오르다 잠시 숲속 비탈길에 안자 흐르는 땀방울을 닦습니다. 숲 그늘의 베짱이가 "베이-짱 베이-짱" 말을 걸어옵니다. "뭣 땜시 내려올 산을 오른당가 이." 옆에서 열심히 나무를 오르는 개미 한 마리가 내 대신 답변을 하고 오릅니다. "아그야. 올라보지 않으면 내려오는 것을 으찌 알긋냐."

　푸른 산빛이 재를 넘어가고
　산 그늘이 깔리는 발밑에는 생명의 소리들이 요란하군요.

　"베이-짱 베이-짱",
　"뭣 땜시 내려올 산을 오른당가 이."

　"아그야.
　올라보지 않으면 내려오는 것을 으찌 알긋냐."

　베짱이 노래도 아름답지만,
　개미의 땀방울은 더 신성한가 합니다.

개구리 울음소릴 듣다

고향집에 잠시 들러 해가 집니다.
뻐꾸기 울음소리는 서산을 넘어갑니다.
모내기의 하루도 저물었어요.

달무리 내려오는 집 앞 다락논에
개구리 울음소리들 모여듭니다.

밤이 깊어갈수록
자지러지는 개구리 울음소리에
쉽사리 잠을 이루지 못하겠군요.

이젠 멀리도 흘러가버린
올챙잇적 추억과 올챙이가 개구리 된 다음
또 수없이 흘러온 세월들을
개구리 울음소리를 들으며 생각해 봅니다.

개구리 올챙잇적 생각 못 하고 살아온 날들을
오랜 만에 내 고향 개구리 울음소리 때문에
생각해 봅니다.

갑자기
저 개구리 울음소리가
올챙잇적 나를 조금이나마 철들게 합니다.

오랜만에
고향에 돌아와,
개구리 울음소리로 철드는 밤입니다.

대나무골

고향
대숲을 바라보면
속없이 마음만 푸르르다.
잠시, 철없이 푸른 꿈에 설레이기도 한다.

대숲을 지날 땐
바람에 살랑대는 푸른 대숲 향기로
텅 비인 가슴을 달래기도 한다.

가까이 다가가 대나무 곁에 서면,
이젠 더욱 더 속을 텅텅 비우고 서서
대나무처럼 올곧게 푸르르고 싶다.

대숲은
오늘도 푸른 하늘에서 부서져 내리는 찬란한 햇볕을
텅 빈 대통 마디마디에 담아,
푸르른 하늘빛을 닮아가는 중이다.

한 평생

그저 꼿꼿이 서서 살다가,

죽음에 이르러선
꽃도 한 번 피워 볼 것을 생각하는 중이다.

하지 무렵

오늘도
고향집에 와 있어요.

높은 태양은 달구어질 대로 달구어지고, 동구 밖으로부터 땡볕이 마을 안으로 들불처럼 달려 들어오고 있어요. 방안은 온통 화덕으로 들끓어오르고 있어요.

나를 따라
사람 냄새 따라 몇 해 만에 우리 집 처마 밑에 깃을 친 제비 부부도
마당가 우물곁으로 날아가
물함지박 통속에서 온통 물툼벙질에 정신이 없군요.

제비들 물툼벙질 다 끝나면
나도 우물가로 나가,

우물물 서너 바가지 길어 올려
물세례나 한 바탕 맞아볼까 합니다.

이렇게 더운 날
고향집에서 할 일이라곤
이밖엔 별로 없어서요.

포리똥

 제가 많이 어릴 때에 아버님께서 토담 뒤란에 포리똥나무를 심으시었지요. 즘잖은 말로 보리수라 하는 것을 우리 동네에선 포리똥이라 하지요. 올 여름도 그 포리똥나무 열매들이 양지바른 장독대 곁에서 우리 어무니 젖꼭지처럼 탐스럽게 익어갑니다.
 그 탐스럽던 포리똥이 이젠 많이도 쓸쓸하군요.

아직 맛이 들지 않은 여름 풋포리똥* 한 알을 따서
입에 물고 지그시 깨물어봅니다.

내 늦은 젖치레를 떼이려고
어므니가 젖에 바른 금계랍 같이
쓰디쓴 떨떠름한 풋냄새가 입안에 퍼져나갑니다.

하지만
올 여름 되면,
이 금계랍 쓴 맛은

* 포리똥 : 보리수열매의 정읍 사투리

찰진 젖물을 그득 담은
달디단 어무니 참젖으로 익어갈 겁니다.

장맛비

장대비가 내린다.

구름의 등에 업혀오는가.
바람의 등에 업혀 부리는가.
질퍽한 설움, 눈물처럼 내린다.

빗소리가 요란하다.

바람이 우는가.
구름이 우는가.
상처받은 영혼이 울부짖는
그 빗방울소리, 가슴 깊이 젖어든다.

내 평생,
고비마다 흘렸던 가혹한 눈물들처럼,

오늘은
새로 시작하는 긴 장맛비가
길게길게 서러운 한 세상을 씻어 내린다.

후두기는 장맛비를 보며

6월 국사봉 아래 양동 마을을 후둘기며 장맛비가 한 줄금 지나갑니다. 유월 장마는 쌀 창고, 칠월장마는 죽 창고, 장대 빗줄기를 세우고 울어대는 저 천둥의 통곡 속에서, 낮도깨비가 연일 비로 불어난 개울가 여울목을 넘어가고 있습니다.

유월 장마는 쌀 창고
칠월 장마는 죽 창고,

오늘도
울어대는 천둥의 통곡 속에서
앞개울 여울목을 넘어가는 낮도깨비를 봅니다.

마을에 남은
이제 몇 안 되는 집들이 한 여름 장맛비 속에
그저 고요합니다.

장마 그친 뒤란에서
빗속에 살아남을 오이꽃이라도 보고 싶어요.

태풍의 흔적
―어떤 추억

떨어지는 비를
양동이로 퍼 다가
짐짝만한 바람으로 때린다.

산야가 울고
초목들이 모두 누워버린다.

태풍이 지나간 자리
깊은 상처들이 자지러지고
구겨진 순간마다 눈물이 고이었다.

동강난 다리
강변에 누어 물길을 가르고
앞산에는 간간히 흰 구름만 흘러간다.

언제 그랬냐는 듯
새파란 창공을 산제비가 날아간다.

땡감 풍경

 태풍이 지나가던 밤, 집안 감나무 풋감들이 마당 여기저기 널브러졌다. 모진 광풍 장대비에 감나무 가지들도 부러지며 울었다. 땡감들이 마당 바닥에 흩어져 이리저리 나뒹굴며 낭자하다. 아직 남은 가지에 남은 땡감 하나, 언제 또 들이닥치는 비바람에 나뒹굴지 일촉즉발이다. 칠적간두竿頭 가지 끝에 달려 땡감은 바람을 탓하지 않고, 그저 다시 올 비바람을 기다리고 있다.

 기다린 다는 것,
 무엇인가를 누군가를 기다린 다는 것은
 이런 것인가.

 내가 기다리는 것은 때로는 비바람 태풍일 수도 있다는 것,
 찬란한 하늘의 밝은 햇볕과 살랑이는 미풍이 아닌
 나를 저승으로 데려가는 어쩔 수 없는
 모진 비바람일 수 있다는 것을,

 오늘 내 고향 비바람 속에 낭자한 땡감들을 보며,
 아직 가지에 남은 떨어지지 못한

땡감 하나를 보며,
곰곰 생각는다.

장마 진 자리

 장마 진 자리에 내가 제일 무서워하는 한 여름 무간지옥이 기다리고 있습니다. 땡볕, 폭염, 무더위, 한더위, 불볕더위, 찜통더위, 가마솥더위, 열대야의 지옥, 내가 이 무간지옥에 떨어질 때 온갖 곡식 풀 나무들은 제 세상 만나 나와도 눈길 한 번 마주치지 아니하고 하늘을 향해 야단법석입니다.
 감자꽃, 나팔꽃, 제비꽃, 접시꽃, 장미꽃, 수국꽃, 고구마꽃, 봉숭아꽃, 민들레꽃, 달맞이꽃, 둥굴레꽃, 원추리꽃, 도라지꽃, 엉겅퀴꽃, 꽃창포꽃, 백일홍꽃, 무궁화꽃, 쑥부쟁이꽃, 애기똥풀꽃, 노루오줌꽃, 해바라기꽃, 매미꽃들이 눈앞으로 그득 다가듭니다.

 꽃들은 웃어대는데 매미는 울고
 장대비 쏟아져도 땅 기운은 오르고
 무더위는 무섭게 달아올라도
 내 남은 세월은 자꾸만 달아납니다.

낮도깨비 무지개

여름 먹구름 밀려오면 바람은 가슴에 점통을 안고 불어옵니다. 먹구름 지나가면 햇살은 또 머리에 용광로 화덕을 이고 내려오십니다. 나무 그늘 밑으로 숨어들어 우선 급한 불을 끄기로 합니다. 장대비 몇 줄금 지나가면 푸른 기운 물씬거리는 언덕배기 다랭이 밭에 마을의 마지막 꼬부랑 할머니가 나가 앉아 있습니다. 여름 무더위를 평생 온몸으로 뼈저리게 받아온 귀신 할머니가 오늘은 앞산 언덕배기 다랭이 밭에서 참 낮도깨비처럼 화안하게 빛나고 있습니다.

한 여름 무더위 속
푸른 소나기 잠시 지나간 언덕배기
낮도깨비 할머니 꽁무니께로 오색찬란한 무지개가 걸리었습니다.

개망초 꽃밭 옆에서

  육이오 때 미국놈 군화발 속에 묻어 우리나라에 처음 들어 왔다고도 하는 개망초꽃이 사람들 다 떠난 내 고향 양동 마을 산자락 묵정밭에 눈밭처럼 하얗게 내려앉았어요. 이젠 누가 가까이 보아줄 사람들도 떠나고 없는데, 개망초꽃들끼리 뒷산 해묵어가는 묵정밭들을 두루두루 뒤덮어, 새하얀 겨울 눈밭이 되어 있습니다.

  아무도 가꾸지 않는 묵정밭이니,
  이젠 하느님이 맡아
  가꾸시는가 합니다.

  몇 채 아니 남은 우리 양동 마을 삼칸 집들도
  머지않아 하느님이 겨울 눈 꽃밭 같은
  새하얀 개망초 꽃밭으로 차갑게 가꾸실 그날이 곧 오겠지요.

여름 날 옛 생각

　무더운 여름날엔 마을 앞 개울물 웅덩이 속에서 물장구를 치고, 장마철 장대비 내리면 불어난 빗물 따라 올라온 미꾸라지도 잡고, 밤 무더위 속에 익어가는 아무게네 원두막 근처 살금살금 수박서리, 천희 은하 송희와 함께 대홍리 버덩 큰물로 나가 석유 횃불을 들고 물 잠자는 수염 즘잖은 미여기를 잡고, 발이 굵은 족대로 수염이 더욱 즘잖허게 길고 때깔이 고웁던 징개미도 몇 마리 그물코에 들이던 기억, 모깃불을 놓고 잡아온 물고기 소금구이를 하던 마당가 텅 빈 우물 속에, 오늘밤은 구름 속을 지나가는 달빛만 가끔 어리어 들 뿐,

이 고요하기만 한
고향마을 달빛 비쳐든 빈 마당가를
가만가만 혼자서 이리저리 걷고 있습니다.

아버지

꾸불꾸불 고샅길을 벗어나면 마을 앞 시궁논, 논이랑에 산 그림자 짙어지며 여름이 익을 대로 농익어갑니다. 장독대 해바라기 내 뒤를 따라 고개를 돌리며 숙이고, 벼이삭들은 옹골차게 속살을 키워갑니다. 붉은 해 서산에 기울면 아직도 늙은 개구리 우렁찬 울음 논두렁가 둠벙 속에 살아 있습니다. 돌아보니 그 올챙이 봄날들이 아련합니다.

한 여름 폭염 속에서 푸른빛이 시름시름하던 날,
구부러진 등에 풀 지개를 짊어지고 마을로 들어오시던,
폭염에 달구어진 구릿빛
그 얼굴,

아버지,

마지막 노을빛이 온통 다 모여 찬연히 빛나던
당신의 얼굴,

오늘은
제가 그 곁에 왔습니다.

아버지.

제3부

가을

서늘한 아침

불현 듯
서늘한 아침이 다가왔습니다.

간밤엔
멀리 사라지는
아득한 마른번개 천둥소릴 들었어요.

푸시시한 눈을 뜨니,
높은 하늘 위엔 흰 구름이 누워 있습니다.

무언가 무르익는
상큼한 바람이 불어옵니다.

마지막
울어대는
찌르래미 목청소리도 잠시 실려 옵니다.

순천順天

계곡으로 떨어지는 물방울소리
이젠 낭랑하다.

바위틈
고요를 깨는 다람쥐 발자국 소리에
떡갈나무 토실한 도토리 한 알 톡 하고 떨어진다.

한 잎 두 잎
발밑에 지는 낙엽들 내게 무슨 말을 속삭인다.

조금 더 조금 더 헐벗어라, 헐벗어라
헐벗은 나날들이
행복하다.

이젠 편안히들 쉬거라.
헐벗은 나뭇가지들 사이로 보이는 푸른 하늘 보아라.

알몸으로 돌아가 닿을 붉은 흙에
맨발로 땅을 디디고 서서,

헐벗어, 헐벗어,
아무것도 가릴 것 없어 푸르른 저 하늘 보아라.

사북면 가일리 풍경

 제자가 태어난 북한강 줄기 춘천댐 안쪽 산간벽지 가일리로, 이제 몇 집만 남아 사는 두메산골 절골 아래 외딴 물가 집을 박교장 차로 찾아가 하루 밤을 묵었습니다. 김교수가 태어난 그 집은 그의 진외갓집 진외삼촌이 지키고 있었고, 그 집은 절골에서 흘러내린 맑은 물가에 제비둥지처럼 들어앉아 있다 하여, 풍수쟁이들이 연소형 집터라 하였답니다.
 화천 파로호를 둘러보고, 화천에서 소문난 순대국 점심을 하고, 용화산 산자락을 따라 난 포장도로를 따라 송암리로, 송암리에서 다시 좁다란 단선 도로를 따라 굽이굽이 송암고개를 넘어, 또 굽이굽이 돌아 가일리 골짜기를 절골 쪽으로 거슬러 올라가, 이윽고 그가 태어난 마을의 제일 끝집에 도착하였습니다.
 밭떼기를 파헤치는 산돼지가 목로에 걸린 것을 구경하고, 집으로 들어와 강원도 두메산골 절골 물을 먹고 자란, 기름이 동동 뜨는 토종 씨암탉 국물로, 몇 년 묶은 절골표 산오디주를 몇 잔 기울이고는, 가끔 부엉이가 울고 달빛이 곱게 스며드는 그 연소형 산골집 바깥채에 들어, 제자들과 하룻밤을 푸욱 자고 일어난 아침, 골짜기에서 흘러내리는 맑은 산골물로 세수를 하고, 산돼지 수육에 소주 한 잔으로 아침 해장을 하고서는, 해 묶은 오디주 한 병씩을 선물로 받아 들고 그 집을 떠나, 아랫마을 중간말 옛날 김교수의 아버지가 『장화홍련전』 연극 홍련이 역을 하시었다는 공회당 터와 간이 소학교 터를 둘러보고, 지금은 춘천댐 물속에 잠긴 벌말로 나가, 그가 다니던 신포리 지촌초등학교를 멀리 바라보았습니다.

백로 한 마리,
강가 언덕에 홀로 앉아 있는 것을 보았습니다.
지금은 물속에 잠겨버린 밤나무골 어린 시절 소꿉친구 박혜숙이를 김교수는 떠올립니다.

한 사람이 태어난 고향을
그의 선생이 함께 찾아가 둘러본다는 것,
그것은 참 무어라 형언하기 어려운 감회인 듯합니다.

매봉에서
―사모곡

　모악산에서 뻗어 내린 작은 지맥 매봉은 가을 들판을 쓸쓸히 내려다보고 있습니다. 때론 세차게도 흐르던 만경강 상류 삼천내 물줄기가, 이젠 자갈밭 밑으로 숨어 쓸쓸히 쓸쓸히 복류하고 있습니다. 멀리 아득한 동쪽 하늘 끝 운장산 마루가 구름 속에 아득하고, 모악산은 또 제 조산祖山인 운장산을 그리워하는 몸짓을 하고 있군요.

저는
매봉 바위에 혼자 앉아서
이젠 내가 무얼 그리워해야할까
이젠 어디를 바라보고 살아야할까 잠시 망설이고 있습니다.

망설이다, 망설이다,
하늘을 봅니다.
흰 구름이 떠 있고 하늘은 마냥 푸르릅니다.

흰 구름도 사라지고
푸른 하늘만 남았습니다.

길

창가에 앉아 멀리 모악산으로 뻗어간 길을 오랫 동안 바라보았습니다. 그 길을 따라 모악산이 내게로 올까 해서요. 아무리 기다려도 아무도 내게로 걸어오지 않는 길을 따라, 문을 열고 지향 없이 썩 나서봅니다.

길은 가다가 여러 갈래로 갈라지지만, 발걸음은 이제 늘 모악산 쪽으로 향해 걸어갑니다. 산발치로 들어서 산으로 이어지는 작은 오솔길을 따라, 길이 가자는 대로 한없이 걸어봅니다. 내려갈 땐 늘 사방으로 갈라지고 흩어지는 길들이 모두 한 곳을 향해 하나로 합수치고 있습니다.

당신을 만날 길은 이렇게 당신과 내가
한 없이 한 없이 산을 행해 걷는 것,
우리 마음속에 저 산 하나 가지고 사는 것,
마음속의 그 산을 향해 한 없이 한 없이 오르는 것인가
합니다.

그 끝 정상에서,
우리가 다시 만나게 될 것을 믿기 때문입니다.

화암사花岩寺 풍경소리

불명산佛明山 자락에
아담한 절 하나 하늘을 이고 있다.

길 따라오는 기암절벽으로
풍경소리 들려온다.

바람길 없는 산사山寺에
청아한 풍경소리 가까워진다.

처마 끝에는
물고기가 하늘을 나르며
나를 두고 '깨어 있어라' 한다.

중생이 외로우면
부처도 외로운가.

법당 기둥에도 번뇌가 묻어 있고
나를 두고 '조용히 말 없으라' 한다.

말 없는 절간 안으로
바람소리만 법어法語 되어 불어든다.

어떤 운명
―단풍을 보다

살아서는
붉어터지도록 못 만나고 그리워하던
붉어 지친 저 고운 이파리들,

마침내,
그리던 자릴 떠나서 서로 만난다.

마침내,
땅으로 내려앉아 시들며 서로를 마주본다.

시들며, 시들며,
그 안타까운 붉은 빛깔 다할 때까지.

오솔길 조우

 해질녘 산책 나간 숲가 오솔길에 고라니 한 마리가 다가옵니다. 잠시 나를 바라보다가 고개를 잠시 갸웃하다가 떡갈나무 숲속으로 사라집니다.

 이렇게 만나는 인연도
 인연이라 할까요.

 그렇게 스치듯 지나간 당신과의 이승 만남도
 만남이라 할까요.

 바람을 만난 낙엽들이
 깊어지는 가을 속으로 떨어집니다.

 이 가을,
 이 쓸쓸한 만남의 길가에
 저는 그저 홀로 앉아 있습니다.

주의

 낙엽 지는 숲속 걷지 마세요. 옷을 벗은 나목의 깡마른 이파리들 갈바람에 부서지는 소리 너무 무서워요. 떨어져 쌓인 낙엽 위를 걷지 마세요. 거칠어 메마른 내 머리카락 잘려나가는 스산한 바람 소리가 너무 써늘해요. 억새꽃 하염없이 바람에 휘날리는 언덕엔 절대 오르지 마세요. 내가 걸어온 길 잠시 돌아볼 겨를도 없이, 억새꽃들은 저를 어디론가 마구 데리고 가려 해요.

 깊을 대로 깊어진 이 늦가을,
 억새꽃 울어대는 서산너머를,
 절대로 거긴
 가지 마세요.

청설모를 만나다

　가을입니다. 산책길에 청설모 한 마리를 만났습니다. 찬바람이 불어옵니다. 이제 다람쥐들은 겨울잠을 자러 제 굴속으로 들어갑니다. 저 찬바람에 곧 함박눈이 내려, 이 숲은 온통 설국으로 만들어 지겠지요.

　그 설국 속에서도 청설모는 겨울잠을 자지 않고 눈속에 살아 있겠지요.
　함박눈 쌓인 숲속 떡갈나무 나뭇가지들을 이리저리 오르고 날며 한 겨울 이 숲속에 남아 있겠지요.

　눈 내리는 한 겨울에도 이 숲속에 청설모가 살아 있는 것처럼,
　그렇게,
　당신은 올 겨울에도 늘
　제 곁에 따뜻이 계시겠지요.

어떤 가을날

골짜기 계곡에 들어
한 잎, 두 잎 떨어지는
나뭇잎들의 옷 벗는 소리를 들어요.

떨어진 낙엽 하나,
물가에 잠시 맴돌다 어디론가 떠나갑니다.

물길 따라 어디론가 흘러가는 나뭇잎을 보며
잠시 생각합니다.

나도,
하늘이 주신 천성을 따라
어디론가 흘러갈 그날을 생각합니다.

제4부

겨울

관성묘 앞에서

 높고 티 없이 싸늘한 하늘, 모든 나무들이 다 옷을 벗어버린 초겨울, 전주 남고산성 관성묘 앞에 와 있어요. 관성묘* 용마루는 이제 혼자 독야청청한 낙락장송 하나를 떠받쳐 들고는, 저 혼자 깊디깊은 생각 속에 잠겨 있군요. 인근 대나무들도 낙락장송 곁에서 저도 절개 하나로 이렇게 흔들리고 있노라고 사각거립니다.

잠시,
매서운 겨울 찬바람이 지나가며
싸락눈 한 줄금 관성묘 담벼락을 후들깁니다.

싸락눈 맞는 용마루 끝 낙락장송이
대숲서껀,

갑자기
짙푸른 빛깔로 싸락눈을 맞습니다.

---

* 관성묘(關聖廟) : 전주 남고산성에 있는 중국 삼국시대 관우의 사당

첫눈

약속 날짜를 까맣게 잊어버린 밤에 첫눈이 내린다.
이제 날더러 어쩌란 말인가,

만나자고 한 그 날짜를 잊어버린 채,
밤 새워 휘날리며 쌓이는 함박눈 속을,
이제 날더러 어쩌란 말인가.

오늘밤,
눈길 따라 걷는 이 발걸음

지향 없이 대책 없이
어디론가 걷는다.

정월 대보름

오는 봄이 두려워
보름 귀밝이술 술잔에 눈발도 기승을 부립니다.

어둠이 내리면
창가에 바람소리 달래가며
고향집 부엌 아궁이 숯불에 화덕을 지펴야겠습니다.

저 혼자라도
남아있는 귀밝이술을 데워 마시고,

맑아지는 내 귀를
가만히 세상을 향해 열어놓아야겠습니다.

겨울강

오늘은 눈 내리는 한겨울 고향 땅 만경강 어구에 닿았습니다. 강물은 꽁꽁 얼어붙어, 삭풍 끝에 무쇳소리를 냅니다. 혼자 뚝방을 내려가 꽁꽁언 강을 건너봅니다.

자신을 이렇게 꽁꽁 얼리어
나를 고향으로 건네주는 겨울강을 건너며,

나도 이젠 내 스스로를 이렇게 꽁꽁 얼려야만
스스로 길이 될 수 있겠다는 생각을
하게 됩니다.

나도 이젠 이 겨울 강처럼 꽁꽁 얼어서,
집으로 돌아가지 못하고 강가에서 떨고 있는 사람들을
조심스레, 조심스레,
건너게 해야겠어요.

오늘은,
강가에서 서성이고 있는 나를
얼어붙은 겨울 강물이 손 내밀어 어서어서 건너라고 합니다.

동고산성

 후백제 견훤 왕궁지이라고도 전하는 전주 동남쪽 동고산성엔 오래 묵은 성황당도 하나 있습니다. 절벽 암벽에 누가 새겨놓은 흔적만 희미하게 남아 있는 그 앞에 가만히 서 있노라면, 아침 볕햇에 무서리 녹아, 그 절벽에 드문드문 돋아난 석이버섯들이 사이로, 녹은 물방울들이 하나 둘 절벽을 타고 흘러내립니다.

 견훤이 꿈꾸던 미래 후천개벽 세상을
 암벽의 석이버섯이 울먹이고,
 서문지西門地 쪽으로는 바람소리만 흩어집니다.

겨울바다

잠시 겨울바다에 왔어요. 겨울바다는 참 쓸쓸하고 겨울바다의 거센 파도는 하얗게 부서집니다. 갈매기 한 마리 파도 이랑들을 이리저리 넘나들며 아슬아슬 날고 있군요. 삶은 이렇게 고달프고 아슬아슬하다고, 갈매기는 나에게 끼륵끼륵 울고 있습니다.

내가 이승에서 아슬아슬 살며
밥 한 숟가락
얻어먹듯,

저 갈매기도 이 추운 한 겨울을 휘몰아치는
거친 파도 위를 아슬아슬 날아,
오늘도 밥 한 술
했노라고,

갈매기는 그 힘으로 지금
혼자 내 어깨 위를 힘차게 날고 있습니다.
나도 밥 한 술 먹으러,
아슬아슬한 내 세상으로 쓸쓸히 다시 돌아갑니다.

겨울비

눈이 내려도 좋으련만 오늘은 겨울비가 내립니다. 그대를 향한 내 그리움이 못내 겨워 눈물이 되기도 하겠지요, 이 함박눈 같은 백발은 실눈을 가늘게 깜빡거리며 겨울비 내리는 창가에 가만히 앉아 있습니다. 함박눈 내리면 만나자던 그 약속이 눈물로 내리는 창가에서, 나는 그저 아득한 그 약속만을 가만가만 행각해 봅니다.

이 기억도 사라지는 날,
그땐,
저도 이 세상에 없겠지요.

그저
함박눈만 내리고,
겨울비만 이 세상에 추적거리겠지요.

당신은
그걸 또,
조용조용 듣고 바라보고 있겠지요.

내장산 설경
—비자림榧子林에서

원적암에 흰 눈이 깊이 내려 쌓이고 있습니다. 눈을 맞으며 푸른 비자나무는 서래봉 신선봉 쪽을 바라보고 있군요, 내장산 구곡간장 깊은 골짜기에서 비자나무들은 작은 숲을 이루고, 내리는 함박눈을 깊이깊이 맞으며 묵묵히 서 있습니다.

이렇게
푸르게 푸르게 묵묵히 서 있는 것만이,

겨울 눈속에 깊이깊이 파묻혀서도
그저 푸르게 묵묵히 서 있는 것만이 길이라고,
그밖에 다른 길은
모르겠노라고,

산길이 막힌 이 내장산 고내장 서래봉 아래
원점암 쓸쓸한 고요 속에서,
비자림 천년 숲이 내게 묵언으로 말합니다.

갈마제 명상

이른 새벽, 모악산 갈마제 호숫가에 왔습니다.

 모악산 북사면으로 흘러내린 수맥들이 모여 평화로이 쉬고 있는 갈마제 호수 위에, 이른 아침 물안개가 피어올라, 흘러 내려온 모악산 주봉 쪽으로 다시 서서히 피어오르고 있습니다. 시냇물 되어 강물 되어 바다로 흘러가지 않고 제가 흘러내려온 모악산 주봉으로 다시 돌아가고 있군요. 이렇게 끊임없이 제가 온 곳으로 돌아가는 갈마제 호숫물을 보며, 나도 어디론가 돌아가고 싶어집니다.
 가만히 들여다보니, 갈마제 호수 속에는 피라미 붕어 버들치들이 이리저리 헤엄치며 놀고 있습니다. 모악산에서 흘러내린 수맥들이 모여 이 예쁜 연못을 만들고, 그 안에 예쁜 물고기들을 기르다가, 그런 일 다 마치면 다시 제가 떠나온 제 고향 산으로 돌아가듯,

 나도
세상구경 끝나면,
저 갈마제 호수물이 모악산으로 돌아가듯,
내가 태어난 내 고향마을 국사봉 산자락

향목곡香木谷 부모님 계신 곳으로 돌아가야 할 것 같습니다.

선산의 청매나무 곁에서

 오늘은 부모님 잠들어계신 양동마을 국사봉 남사면 선산 발치에 심은 청매나무 가지들을 다듬어주고 있습니다. 국사봉 높이 솔개 한 마리 떠서 무덤 가까이 있는 나를 잠시 맴돌다 가고, 앞산중턱 골짜기에서 멧돼지 우는 소리 욱욱거립니다. 무슨 일인지 고라니도 목쉰 소리로 쐑익쌔액 하고 웁니다.

 산골 마을에 춥고 가난한 겨울이 왔습니다. 산자락은 모다 묵정밭이라 산짐승들도 내려와 뒤져 먹을 것도 없고, 마을까지 내려가 봐야 몇 안 되는 마을 노친네들만 허전한 집들을 지키며 앉아 있고 무너진 집들도 여러 곳이니, 마을과 무덤의 거리는 점점 더 가까워지고만 있습니다. 이 선산발치의 작은 청매나무 가지들도 내가 저승에 들면 그저 쓸쓸한 잡목들 속에 들어 산골짜기의 일부가 되겠지요.

 오래지 않아, 나도 이 선산발치 부모님 무덤 아래 누울 때, 내가 다듬어주고 있는 이 청매나무 가지들이 가꾸어주는 사람 없어도, 제 곁에 봄이 오는 길목에서 그 청아한 매화 향기로 피어나, 내게로 다가올 것을 바랄 뿐입니다. 그것도 잠시일 테지만, 잠시 생각해 봅니다.

제5부

근황

벽에 걸린 나를 보다

오늘도 내방의 벽에는 나의 하루가 걸려 있습니다. 그것도 한 달째 통째로 걸려 있습니다.

나는 오늘도
벽에 걸린 나를 보며 하루를 시작합니다.

하지만
거기에 나를 기쁘게 하는 소식은 거의 텅 비어 있습니다.

날더러 스스로 채우라고 하지만
나는 그 나날들을 스스로 다 채울 수 없는 백수입니다.

그나마
나를 기쁘게 하는 것은 내가 동그라미를 그려놓은 몇 날뿐입니다.

오늘도
저 벽에 걸린 달력에 동그라미가 그려질 날을 그려봅니다.

하루의 노을이 아름다운 것은
다음날의 찬란한 일출이 있기 때문입니다.

벽에 걸린 나의 하루가
오늘도 따스한 온기로 가득차기를 바래봅니다.

흐르는 세월에 등이 무거워지는 것은
 알게 모르게 돌아선 시간들이 추억의 사슬에 매달려 있기 때문입니다.

밤주막

 오늘도 만남과 설렘과 삶의 애환이 들썩거리는 밤주막으로 보고 싶은 얼굴들을 만나러 갑니다. 취기가 혈관을 어지럽히면 유전자 가위로 현실의 디엔에이들을 모두 도려내고 육두문자의 맛깔을 걸러내는 밤주막으로 갑니다.

 수많은 쓸쓸한 입술들이 지나간 술잔에 나도 회한의 입술을 대고,
 쓸쓸함과 그리움의 무게를 언제까지나 지닌 채로,
 나란히 함께 달리는 호남선 전라선 철길 같이,

 그저
 되는 대로 떠들고 마음 가는 대로 마시는
 한없이 흘러가는 구름 같은,
 한없이 불어오는 바람 같은,

 그리운 얼굴들이 있는 그곳으로 나는
 오늘밤도 흔들리며 갔다가,
 비틀거리며 돌아옵니다.

어버이날

어머니 아버지는 바람으로 오셨습니까. 구름으로 오셨습니까. 아버지는 산에 가시었나요. 강에 가시었나요. 어머니는 채마밭에 가셨나요. 우물가에 가셨나요. 바람도 말이 없고, 구름도 말이 없고, 이제 제 가슴 깊은 곳에 그림자만 남았습니다.

이젠
보이지 않는 영혼으로라도 오시나요.

어머니,
아버지,

꿈

 꿈속에 오신 임은 어느 길로 오셨는지요. 간밤에는 문을 열어놓지 않았는데요. 고향을 찾아가는 서몽瑞夢이었으면 좋으련만 몽매한 불청객으로 오십니까. 꿈길을 헤매는 육신은 자지러집니다. 참을 수 없는 몸부림에 무지몽매한 발이 방구석 책상모서리를 야무지게 차버립니다. 발에는 눈이 없으니 엄지발톱이 벗겨져 빠졌습니다. 어둠의 용기입니까. 한바탕의 만용입니까. 꿈은 꿈으로 끝나지 않았기에 무지몽매한 날벼락으로 피가 낭자합니다. 피맺힌 발목을 바라보며 기몽奇夢의 잔상으로 밤을 지새웁니다.

 형님이 가셨습니다.
 꿈으로 가셨습니다. 돌아오지 못할 길을 가셨습니다.
 혈족의 형님들이 모두 다 가시고 말았습니다.
 얼마 전 팔순에 술잔을 마주하고 싶다는 부름이 있으시었건만 가질 못한 것이,
 두고두고 가슴에 저려옵니다.

 그날 밤 상혼은 오늘도 이렇게,
 형님께 다가가지 못했던 이 못난 발톱이 빠지는 상처로 밤마다 이렇게 제게로 아프게 아프게 오시곤 합니다.

두물머리 여명

 어둠을 걷어내며 두물머리를 향해 새벽길을 갔습니다. 서쪽하늘에 기우는 그믐달 시름에 겨운 하얀 얼굴은 수척해지신 그 어머니의 얼굴이었습니다. 신 새벽 동녘 해는 붉은 휘장을 두르고 찬란한 얼굴로 밀려왔습니다. 마음 둘 곳 없는 새벽달은 아침햇살 뒤로 숨어버립니다. 두물머리 종착점에서 나는 더 갈수 없었습니다. 아침을 여는 동녘의 환한 해님 얼굴보다 아침을 떠나는 외롭고도 가련한 밤의 얼굴이 마음속에 아련하였습니다.

 두물머리 여명에는
 두 얼굴이 있었습니다.

 이승의 나와
 저승의 어머니, 어머니의 수척한 얼굴이었습니다.

친구 생각

 이제 흘러간 추억을 회상할 즈음이니, 하루하루가 고마워지고 살뜰히 외로워지는군요. 만나거나 만나지 않거나 이젠 시냇물처럼 고요히 흘러가는 깊은 강물처럼 그저 잔잔한 그리움으로 다가오는, 다시 고향으로 돌아온 천진이었으면 해요.

 지금 우리가 각자 어떤 상황이든 계산도 잊고 댓가도 잊고 굳이 말을 안 해도 벌써 우리 가슴으로 느끼고 있으면 그뿐, 오랜 동안 간직해온 조금은 아직도 어색한 허영도 몰래 가슴 한 켠에 차고, 그래도 우리가 가려고 했던 그 곳을 향해 조금씩 조금씩 쉬지 않고 앞으로 가보는 게 좋겠어요.

 고향 산골짝 맑은 샘물처럼 아직은 맑고 깨끗한 영혼으로, 어쩌다 얼굴 한 번 더 보면 그냥 좋은 그런 거시기이었으면 하고 바랄 뿐이지요.

아직은
허영을 한 자락 가슴에 두르고
진실을 찾아가는, 아직은 그런 친구였으면 좋겠어요.

오늘의 작은 기도

아이들은
행복과 사랑으로 가게 하소서.

떠나보낸 시간들은
조금은 섭섭하지만 시원하게 하소서.

사람들이 가는 길은
늘 조금은 아쉬운 만남과 이별이게 하소서.

이제 남은 세월들은
더욱 고독을 사랑하게 하소서.

고독 속에서,
고독을 더욱 사랑하게 하소서.

물안개 인생
—아들딸에게

아들아 딸아,
정말 사랑하는 사람은
사랑이라는 말을 아낀다지만,

부족한 아빠는 어쩔 수 없어
그냥 저냥 사랑한다는 이 말을,
날이 갈수록 그저 가슴으로 흥얼거리게 되는구나.

주책없는 것이 인생인지라 켜켜이 눈시울만 뜨거워지는구나.
이런 게 정말 참사랑인지는
네 에미도 애비도 모르는 것이란다.

늙어가는 것은 그저 삶의 여정,
알려고 다가가 몸소 느끼려 하면 흐릿하게 사라져가는,
물안개 같은 애비의 삶이란다.

사랑이 뭔지도 모르면서,
 할 말이 없을 때 혼자 망령처럼 중얼거리는 이 '사랑한다'
는 말의 의미가

오늘은 또 다른 그 무엇으로 나에게 다가와,
이 늙은 애비를 잠 못들게 하는 밤이 깊어만 가는구나.

낙엽 지는 늙은 느티나무 곁에서

노목은

상서로운 새벽을 알고,

아름다운 노을을 알아도,

깊은 밤의 어둠을 끌어안고,

옹이마다 눈물 고인 채,

묵언의 신비를 깊여가며,

오늘도,

말없이 낙엽을 지운다,

자화상

 생각은 그 무엇에도 구속받지 않았다, 표현은 그 누구보다 자유롭지 못하였다. 실천에서는 누구보다 몸소 하는 행동을 앞세우며 여기까지 왔다.

이제
돌이켜 보니,

과거는
부끄러운 허물로 가득하고
눈앞엔 새로운 허물만 가득하리라.

어디서 왔는지,
어떻게 왔는지,
눈치가 먼저 앞을 서려 하지만,

아직 남아 꿈틀대는
맹랑한 의지
하나로,

그저,
혼자 먼 하늘 푸른 곳을 바라보며 똑바로 걷는다.

해설

소멸 직전의 고향 마을에서 길어올린
토속적 생명에의 아우라,
'낮도깨비 무지개'

| 해설 |

소멸 직전의 고향 마을에서 길어올린 토속적 생명에의 아우라, '낮도깨비 무지개'

김익두
시인, 문학평론가, 전 전북대 국문과 교수

1. 시인, 시세계, 시편 구성

남 시인은 한 마디로 '고향의 시인'이다.

그런데, 이제 우리 세대 거의 대부분의 사람들이 '농촌' 출신인인 우리나라 자체가, 세계에서 가장 빨리 사라질 위기에 놓인 나라가 된 오늘날, 우리들에게 이 '고향' 특히 우리가 태어나 자란 '농촌 고향'이란 역사-사회적으로 그 어느 시대보다 심각하고 중차대한 시적 대상이 되어 있다. 이제 이런 '고향'에 관한 우리의 체험, 특히 '농촌' 고향에 관한 우리의 실제적-시적 체험 자체가 우리나라 현장 역사에서뿐만이 아니라 우리의 시적 체험 상에서도 사라질 위기에 놓여 있는

게 어쩔 수 없는 우리의 놀라운 현실이다.

'농촌'을 고향으로 노래하고 시화하는 시인들도, 이제 우리 세대가 이 지상에서 사라지면, 우리나라에서는 사라질 위기에 처해 있는 게 우리의 분명한 현실이다.

이런 안타까운 시대적 현실 앞에서, 남 시인은 어쩌면 우리의 '농촌 고향'을 노래하고 시화하는 마지막 시인의 지평에 서 있는 시인일 수도 있다.

이런 면에서, 남정휘 시인의 시는 우리가 그의 시를 우리의 '고향시'로 주목해야할 충분한 이유와 근거가 있게 된다. 남 시인은 첫 시집 『그리운 고향 언저리』(문예원, 2018)에서와 비슷한 방향으로, 이번 시집 『낮도깨비 무지개』에서도 이 '고향 마을'의 정서를 깊이 파고드는 시의 역작들을 보여주고 있다.

이번 시집에서도 지난 번 제1시집에서와 같이 시들의 배치 또한 농촌 마을의 사계절 변화, 곧 봄·여름·가을·겨울 사계절의 변화 순서에 따라 자연스럽게 배치되고 있다. 이러한 배치 방식은 신화비평적인 지평에서 보자면 물론, 자연 순환의 리듬과 지속적인 순환과 부활의 영원성에 귀의함으로써 인간 삶의 유한성을 극복하고자 하는, 무의식적 혹은 시적 의도와도 깊은 관련이 있다고 볼 수 있다.

남 시인은 이러한 사계절 순환의 자연 리듬에 따라, '제1부 봄'에 16편, '제2부 여름'에 14편, '제3부 가을'에 11편, '제4부 겨울'에 10편, 그리고 '제5부 근황'에 10편의 시들을 배치해

놓고 있다.

그러면 남 시인의 이번 시집에 실린 시들을, 이러한 신화적 자연 순환의 순서로 배치된 차례를 따라 가며 살펴보기로 하자.

2. 봄

다음은 이번 시집의 '제1부 봄'의 첫 번째 시이다.

노란 햇병아리가 알을 깨고 나오듯, 봄 매화가 제 향기로 꽃망울을 터뜨립니다. 터뜨린 매화 꽃망울 작은 입술들이 봄바람에 파르르 떨리고 있습니다. 시새움에 겨운 목련도 보송한 솜털 가슴 살며시 열고, 봄바람에 말없이 흔들리고 있습니다. 깊이깊이 잠들었던 마을 어귀 작은 봇도랑들도 이젠 가슴을 열고 작은 물줄기들이 송골송골 샘솟아 납니다. 조금 있으면, 저 파르르 떨리는 꽃망울 속 솜털 가슴 속으로, 수많은 벌 나비도 찾아들겠지요.

저는
그저 어쩔 수 없는 멍한 가슴으로
이 새로 오는 봄 앞에 우두커니 서 있을 뿐입니다.

다시 다가오는 새봄을
이젠 더 이상 어쩔 수가 없어,
그저 우두커니 이 봄날 당신 앞에 서 있을 뿐입니다.

이렇게 새로 다가오는 봄 앞에 내가 우두커니 서 있는 것처럼,
이젠 당신 앞에 그저 우두커니 서서,

당신을 한없이 바라보는 것만이
내 남은 삶이 아닐까 합니다.

「봄이 오는 길목」 전문

이 시에서 시적 자아는 '고향'이라는 시적 대상의 '봄' 앞에서 '고향'을 '이젠 더 이상 어쩔 수 없이' '우두커니 서서' '한없이 바라보는 것만이/ 내 남은 삶'이리고 토로한다. 그에게 있어서 '고향이란 '이젠 더 이상 어쩔 수 없이' 그 앞에 다가가서 '우두커니' 맞닥뜨려야만 하는, 본질적이고 필연적이고 궁극적인 대상으로 그 앞에 나타나 다가오고 있다.

다음은 「봄날, 고향 언저리」라는 시의 전문이다.

봄이 올 때마다 가슴은 잠시 부풀어 해마다 무심한 낙서,

"봄이 오는데 꽃잎이 지고, 가는 봄에도 꽃은 피는구나." 꽃이 지면 피는 줄만 알았고 피는 꽃은 그 꽃이 아님을 이제야 아는 봄, 부모님 묘소에도 내 쓸쓸한 고향 집 창가에도 해는 떠올라, 오늘도 햇볕 아래 따스히 함께 있다. 노을에 지워지는 그림자도 함께 있다.

올해엔
삶과 죽음과 밝음과 어둠과 이승과 저승이 늘 함께 있는 봄이,

처음,
내게로 왔다.

「봄날, 고향 언저리」 전문

이 시에서 주목되는 것은 "올해엔/ 삶과 죽음과 밝음과 어둠과 이승과 저승이 늘 함께 있는 봄이/ 처음/ 내게로 왔다."는 발언이다. 이러한 '봄'은 그의 첫 시집 『그리운 고향 언저리』에서는 쉽게 포착되지 않던 삶의 지평, 곧 '삶과 밝음과 이승'만이 있는 '고향'만이 아닌, '삶과 죽음과 밝음과 어둠과 이승과 저승'이 함께 더불어 공존하는 그런 '고향'이 되고 있다. 이것은 이제 그만큼 그의 시가 다루는 '고향'의 폭과 깊이가 삶과 죽음을 모두 아우르는 융합적 지평으로 확장되고 있다는 것을 보여주는 것이다.

이러한 삶에의 심화된 지평, 삶과 죽음의 세계를 아우르는

경계선적/리미널적liminal 지평의 시는 다음과 같은 형태로 좀 더 구체화 되어 나타나고 있다.

> 희미한
> 어슴새벽,
>
> 아득히 그리운 목숨 하나 하늘에 남아 있다.
>
> 그
> 목숨 하나 스러지는
> 새벽 여명,
>
> 세상은 그저,
> 아무 일도 없었다는 듯 다시 밝아온다.
>
> 여명 뒤로 숨는
> 그 아득히 그리운 목숨 하나,
>
> 밝은 세상 뒤에 숨어 늘 나를 바라보는,
> 아득히 먼 그리움
> 하나,
> 어머니.
>
> 「그믐달」 전문

이 시에서 그는 새벽 시간대의 시간의 추이 변화에 따라 달라지는 자연계 변화 현상의 연계적 포착을 통해서, 삶과 죽음, 이승의 '나'와 저승의 '어머니'를 병치적으로 파악해내고 있으며, 이를 통해서 이 시인의 시적 자아는 삶과 죽음, 이승의 삶과 저승의 삶을 연계하여, 자신의 시적 삶의 일부로 통합적-총체적으로 심화·확장하고 있는 것이다.

다음은 이런 삶과 죽음, 밝음과 어둠의 세계가 깊은 감동 속에 통합되는 수작 하나를 보기로 하자.

내 고향 정읍 입암 국사봉 아래 마석리 양동 마을 동구길 들어서서 양동제 지난 첫들머리 봇도랑가 대밭집 뒤란 장독대, 아직도 봄 햇볕 아래 옹기종기 크고 작은 장독들이 위아래 형제들 같이 오롯이 앉아 있습니다.

어머니 사랑으로 묵을수록 그 사랑 깊어만 가던 장독대 항아리들이 이젠 모두 속이 텅 빈 채로 빛을 잃고 이리저리 거미줄에 가려 거무룩합니다.

어머니 가신 해가 깊어질수록
장독대 장독들의 어둠도
깊어만 갑니다.

텅 빈 항아리들 속에 이젠
쓸쓸한 바람의 울음소리만 가득합니다.

그 울음소리로
장독대 옆 어머니가 심어 놓으신 동백꽃 한 송이,

텅 빈 장독대 장독 위로
툭,
하고 떨어지고,

그 위로
내 가슴 속 눈물 한 방울도
툭,
하고 떨어집니다.

「내 고향 장독대 옆에서」 전문

이 시를 보면, 살아 있는 시적 자아의 삶과 밝음과 이승의 삶이, 장독대 옆의 동백나무 동백꽃의 낙화를 통해서, 돌아가신 '어머니'의 텅 빈 '장독대'의 깊은 죽음과 어둠과 저승의 삶과, 하나의 세계로 융합되는 새롭고 놀라운 시적 성취의 장을 마련해내고 있다.

남 시인의 이번 '봄' 시를 보면, 그의 세상 인식의 깊이가 어느 정도인가를 감동적으로 보여주는 다음과 같은 시들이 보여, 또한 범상치 않다.

어디든 한 중심을 비잉 에둘러 있는 길을 둘레길이라 하지요. 오늘은 김제 사금이 많이 나서 금평제라 불려온 금평 호수 둘레길을 혼자 걸어봅니다.

둘레길 따라 연두빛 봄, 진초록 여름, 오색 빛 쓸쓸한 가을, 싸늘한 은빛 겨울이 수없이 지나갔습니다. 이제사 이곳에 다시 돌아와 에둘러 걸으며, 저 호수 물 속 어딘가에 있을 듯헌 서금을 찾아 헤메이며, 반듯하게 걷자고 몸부림치던 지난 세월의 나를 봅니다.

숲길을 에둘러 걸으며, 이젠 숲길이 에둘러 있는 호수를 봅니다. 그 호수 속에 깊이 잠겨 있는 지난날의 나를 봅니다. 그 빛과 색깔들을 낱낱이 속속들이 화안하게 들여다봅니다.

오늘은
둘레길이 어째서 둘레길이고,
둘레길이 어째서 호숫가에 있는 줄을 잠시 생각하고 있습니다.

「둘레길-금평호수」 전문

이 시를 보면 '고향'의 '둘레길'은 그의 물신적-자본주의적 삶의 병태를 되돌아 보아 반성하는 반성적 기제의 중추로 작동하고 있다는 것도 잘 보여준다.

이 시에서 중심에 있는 '호수'는 그 속에 '사금沙金'이 묻혀 있는 '자본주의적 물신'의 상징으로 나타나고 있으며, 그 '호수'의 둘레길은 그 '물신적 호수'의 '죽음'의 세계를 벗어나 삶의 세계에로 나아가는 새로운 재생의 중추적인 방편길로 열리고 있음을 볼 수 있다.

3. 여름

 남 시인의 이번 '여름' 시에 이르게 되면, 죽음이 일종의 부활의 신호로 표현된 시도 보여 의미심장하다. 다음 시는 바로 이런 지평에서의 탁월한 결실이다.

 고향
 대숲을 바라보면
 속없이 마음만 푸르르다.
 잠시, 철없이 푸른 꿈에 설레이기도 한다.

 대숲을 지날 땐
 바람에 살랑대는 푸른 대숲 향기로
 텅 비인 가슴을 달래기도 한다.

 가까이 다가가 대나무 곁에 서면,
 이젠 더욱 더 속을 텅텅 비우고 서서
 대나무처럼 올곧게 푸르르고 싶다.

대숲은
오늘도 푸른 하늘에서 부서져 내리는 찬란한 햇볕을
텅 빈 대통 마디마디에 담아,
푸르른 하늘빛을 닮아가는 중이다.

한 평생
그저 꼿꼿이 서서 살다가,

죽음에 이르러선
꽃도 한 번 피워 볼 것을 생각하는 중이다.

「대나무골」 전문

이 시에서 대나무는 이승과 저승, 삶과 죽음을 연결하여 하나의 융합된 삶의 지평으로 매개하는 일종의 부활제적인 시적 매개물이다. "한 평생/ 그저 꼿꼿이 서서 푸르게 살다가,/ 죽음에 이르러선/ 꽃도 한 번 피워볼 것을 생각하는 중이다."라는 표현에서, 그러한 융합적 변화의 징조는 감동적으로 드러나고 있다. 즉, 이 시에서 '죽음'은 단순한 '소멸'로서의 죽음이 아니라, 새로운 재생을 위한 '꽃피움'을 시작으로 하는 새로운 삶의 세계로 표현되고 있다.

그는 이 일련의 '여름' 시에서, 다음과 같은 처절하게 황폐화 되어만 가는 고향의 처참한 '고향'의 모습을, 그 고향 친척 할머니가 찌는 듯한 여름 한낮에 마을 앞산 중턱 밭고랑에서 김을 매는 모습으로 강도 있게 제시하고도 있다.

여름 먹구름 밀려오면 바람은 가슴에 찜통을 안고 불어옵니다. 먹구름 지나가면 햇살은 또 머리에 용광로 화덕을 이고 내려오십니다. 나무 그늘 밑으로 숨어들어 우선 급한 불을 끄기로 합니다. 장대비 몇 줄금 지나가면 푸른 기운 물씬거리는 언덕배기 다랭이 밭에 마을의 마지막 꼬부랑 할머니가 나가 앉아 있습니다. 여름 무더위를 평생 온몸으로 뼈저리게 받아온 귀신 할머니가 오늘은 앞산 언덕배기 다랭이 밭에서 참 낮도깨비처럼 화안하게 빛나고 있습니다.

한 여름 무더위 속
푸른 소나기 잠시 지나간 언덕배기
낮도깨비 할머니 꽁무니께로 오색찬란한 무지개가 걸리었습니다.

「낮도깨비 무지개」 전문

이 시를 보면, 찌는 듯이 타는 무더운 한여름 한낮, 앞산 중턱에서 김을 매는 고향 마을 친척 할머니의 모습이 마치 '낮도깨비' 같고, 그 뜨거운 한낮에 갑자기 내린 소나기로 인해 그 '낮도깨비' 같은 친척 할머니의 뒷꽁무니에 걸쳐 뜬 무지개는 ,이러한 처절히 몰락하고 있는 '고향'의 거덜난 상황을 충격적인 상징적 이미지로 우리 앞에 강력히 제시해 보여주고 있는 것이다. '낮도깨비'로 표현된 이 마을 친척 할머니는 마치 삶의 세계에 있는 인물이 아니라 죽음의 세계에 닿아 있는 '헛깨비' 인물로 표현되고 있으니 말이다. 그 '낮도깨비' 할머니의 꽁무니에 뜬 '무지개'는 이러한 메말라가는 농촌 '고향'의 현실을 충격적으로 배가시키는 강력한 이미지 장치이다.

다음 시는 점차 늘어만 가는 고향 마을의 '개망초' 꽃밭, 고향 마을의 농토들이 주인이 가꾸질 않아 자꾸자꾸 묵정밭으로 변하고, 그렇게 해묵는 묵정밭을 '개망초' 꽃들이 하얗게 '겨울 눈밭'으로 바꾸어가는 모습을 다음과 같이 슬프게 제시하기도 한다.

> 육이오 때 미국놈 군화발 속에 묻어 우리나라에 처음 들어왔다고도 하는 개망초꽃이 사람들 다 떠난 내 고향 양동 마을 산자락 묵정밭에 눈밭처럼 하얗게 내려앉았어요. 이젠 누가 가까이 보아줄 사람들도 떠나고 없는데, 개망초꽃들끼리 뒷산 해묵어가는 묵정밭들을 두루두루 뒤덮어, 새하얀 겨울 눈밭이 되어 있습니다.
>
> 아무도 가꾸지 않는 묵정밭이니,
> 이젠 하느님이 맡아
> 가꾸시는가 합니다.

몇 채 아니 남은 우리 양동 마을 삼칸 집들도
머지않아 하느님이 겨울 눈 꽃밭 같은
새하얀 개망초 꽃밭으로 차갑게 가꾸실 그날이 곧 오겠지요.
「개망초 꽃밭 옆에서」 전문

 이 시에서, "몇 채 아니 남은 우리 양동 마을 삼칸집들도/ 머지않아 하느님이 겨울 눈 꽃밭 같은/ 새하얀 개망초 꽃밭으로 차갑게 가꾸실 그날이 곧 오겠지요."라는 구절에서, 우리는 우리의 '고향'이 어떻게 변하고 사라지고 있는가를 분명하게 목도하며, 그 불가항력적인 목도 앞에서 우리의 눈가를 적시게 한다. 특히, 이 구절에서의 '차갑게'란 말이 우리의 가슴을 초가지붕 처마 끝에 매어달리던 고드름 끝 같이 우리의 가슴을 차가웁게 찌른다.

4. 가을

 남 시인의 '고향' 시의 가을은 우리에게 다음과 같이 사람들이 궁극적으로 '돌아가야만 하는' 인생길의 '마지막 만남의 종착지'로 나타나기도 한다. 다음을 보자.

 창가에 앉아 멀리 모악산으로 뻗어간 길을 오랫 동안 바라보았습니다. 그 길을 따라 모악산이 내게로 올까 해서요.

아무리 기다려도 아무도 내게로 걸어오지 않는 길을 따라,
문을 열고 지향 없이 썩 나서봅니다.

  길은 가다가 여러 갈래로 갈라지지만, 발걸음은 이제 늘 모악산 쪽으로 향해 걸어갑니다. 산밭치로 들어서 산으로 이어지는 작은 오솔길을 따라, 길이 가자는 대로 한없이 걸어봅니다. 내려갈 땐 늘 사방으로 갈라지고 흩어지는 길들이 모두 한 곳을 향해 하나로 합수치고 있습니다.

  당신을 만날 길은 이렇게 당신과 내가
  한 없이 한 없이 산을 행해 걷는 것,
  우리 마음속에 저 산 하나 가지고 사는 것,
  마음속의 그 산을 향해 한 없이 한 없이 오르는 것인가
합니다.

  그 끝 정상에서,
  우리가 다시 만나게 될 것을 믿기 때문입니다.

                                       「길」 전문

  그런데, 이 시에서 주목할 것은 그 '만남의 종착지'가 바로 '고향' 산의 정상이긴 하지만, 그 정상에서 삶이 결코 끝나는 것이 아니라, 그 종착지의 만남을 통해서 다시 새로운 '헤어짐/흩어짐'의 세계로 내려오는 '만남'으로 되어 있다. 이것은 이 시인이 '자연의 순환적 리듬'의 육화 과정에서 터득한 신화

적-재생적 삶의 새로운 지평으로 보인다.

다음은 이 시인이 가을에 느끼는 외로움을 표현한 시이다.

가을입니다. 산책길에 청설모 한 마리를 만났습니다. 찬바람이 불어옵니다. 이제 다람쥐들은 겨울잠을 자러 제 굴속으로 들어갑니다. 저 찬바람에 곧 함박눈이 내려, 이 숲은 온통 설국으로 만들어 지겠지요.

그 설국 속에서도 청설모는 겨울잠을 자지 않고 눈속에 살아 있겠지요.
함박눈 쌓인 숲속 떡갈나무 나뭇가지들을 이리저리 오르고 날며 한 겨울 이 숲속에 남아 있겠지요.

눈 내리는 한 겨울에도 이 숲속에 청설모가 살아 있는 것처럼,
그렇게,
당신은 올 겨울에도 늘
제 곁에 따뜻이 계시겠지요.
「청설모를 만나다」 전문

아무리 사계절 자연 순환의 리듬에의 귀의를 추구한다 하더라도, 늦가을 쓸쓸한 겨울의 입구에 서서는, 이처럼 어쩔 수 없이 자신의 삶의 고독을 추스리지 않을 수가 없다. 그도

결국은 유한한 삶의 짧은 인생길의 내리막에 서 있기 때문에.

5. 겨울

 이 시인은 마지막으로 '제4부 겨울'에 이르러, 다음과 같이 놀라운 '새길'을 발견한다. 그것은 오히려 역설적이게도 '얼음'으로써 새로이 열리게 되는 새로운 길의 발견이다. 다음 시는 이것을 힘차게 제시한다.

  오늘은 눈 내리는 한겨울 고향 땅 만경강 어구에 닿았습니다. 강물은 꽁꽁 얼어붙어, 삭풍 끝에 무쇳소리를 냅니다.
  혼자 뚝방을 내려가 꽁꽁언 강을 건너봅니다.

  자신을 이렇게 꽁꽁 얼리어
  나를 고향으로 건네주는 겨울강을 건너며,

  나도 이젠 내 스스로를 이렇게 꽁꽁 얼려야만
  스스로 길이 될 수 있겠다는 생각을
  하게 됩니다.

  나도 이젠 이 겨울 강처럼 꽁꽁 얼어서,
  집으로 돌아가지 못하고 강가에서 떨고 있는 사람들을

조심스레, 조심스레,
건너게 해야겠어요.

오늘은,
강가에서 서성이고 있는 나를
얼어붙은 겨울 강물이 손 내밀어 어서어서 건너라고 합니다.
「겨울강」의 전문

 이 시에서의 이 '새로운 길'은 매우 역설적인 길이다. 이 길은 날이 풀려야만 생기는 길이 아니라 거꾸로 꽁꽁 얼어붙어야만 생기는 길, 겨울길이다. '겨울'은 죽음의 계절이다. 죽음의 계절에 그는 새로운 부활의 길을 '고향' 어귀의 얼어붙은 만경강에서 발견하고 있다.
 이 시인이 이렇게 죽어 얼어붙는 겨울에 이르러서도 마침내 새로운 부활에의 길을 발견해낼 수 있었던 것은, 그가 첫 번째 시집에서 이번 두 번째 시집에 이르기까지, 부단히 잠시도 멈추지 않고 꿋꿋하게 걸어온 '사계절 순환'의 신화적-재생적 자연 순환 리듬에의 추구 덕분일 것이다.

6. 마무리

 이번에 보여준 남정휘 시인의 이러한 새로운 '고향시'의 세계는, 이제 앞으로는 그 흔적조차 희미해지게 될 '소멸 직전'의 우리 '고향'을, 사라지기 전에 시적 상상력의 지평에서나마 포착해 작품화 하고자 부단히 노력해온 이 시인의 소중한 결실이다.

이것은 이 시집에 나오는 '낮도깨비 무지개'와 같이, 사라지기 직전에 놓인, 우리가 태어난 고향이 간직한 민족적 삶의 오랜 전통, 그 소중한 전통적 삶이 우리에게 남겨준 소중한 민족-공동체적 '아우라'이기도 하다.

끝으로, 거의 잊어버리고 살게 된 우리 '고향'의 생기 충만한 영성의 세계를 이처럼 감동적인 시적 언어로 우리 앞에 새롭게 소환해 준 남 시인의 노고에 깊은 감사를 드린다.

이쯤에서, 남 시인이 최근 양평 '두물머리'에 갔다가 얻게 되었다는 최근작 시 한 편을 더 감상하면서, 두서없는 글을 맺고자 한다.

두물머리 여명

어둠을 걷어내며 두물머리를 향해 새벽길을 갔습니다. 서쪽하늘에 기우는 그믐달 시름에 겨운 하얀 얼굴은 수척해지신 그 어머니의 얼굴이었습니다. 신 새벽 동녘 해는 붉은 휘장을 두르고 찬란한 얼굴로 밀려왔습니다. 마음 둘 곳 없는 새벽달은 아침햇살 뒤로 숨어버립니다. 두물머리 종착점에서 나는 더 갈수 없었습니다. 아침을 여는 동녘의 환한

해님 얼굴보다 아침을 떠나는 외롭고도 가련한 밤의 얼굴이
마음속에 아련하였습니다.

두물머리 여명에는
두 얼굴이 있었습니다.

이승의 나와
저승의 어머니, 어머니의 수척한 얼굴이었습니다.

문예시선 012

낮도깨비 무지개

초판1쇄 발행 2023년 6월 30일

지은이 남정휘
펴낸이 오경희

편집 . 디자인　오경희 · 조정화 · 오성현 · 신나래
　　　　　　　박선주 · 이효진 · 정성희
관리 박정대

펴낸곳 문예원
창업 홍종화
출판등록 제2007-000260호
주소 서울 마포구 토정로 25길 41(대흥동 337-25)
전화 02) 804-3320, 805-3320, 806-3320(代)
팩스 02) 802-3346
이메일 minsok1@chollian.net, minsokwon@naver.com
홈페이지 www.minsokwon.com

ISBN　979-11-90587-38-9　04810
　　　　979-11-965602-2-5　SET

ⓒ 남정휘, 2023
ⓒ 문예원, 2023, Printed in Seoul, Korea

이 책은 저작권법에 따라 보호를 받는 저작물이므로
무단전재와 복제를 금지하며,
이 책의 전부 또는 일부를 이용하려면
반드시 저작권자와 출판사의 서면동의를 받아야 합니다.